新堀式健康長寿シリーズ１

『健康長寿の秘訣』

新堀寛己

30kg減量後30年維持　私はこうして健康な身体を手に入れた

第1章　写真（証拠）が語る真実の姿と推移「こんなに変わった!!」
ダイエット記録とその事実を初公開

1970 年 36 歳
20 世紀最大のギターの神様 アンドレス・セゴビア氏と筆者（90kg 越）

2017 年 82 歳の筆者（60kg）

1950 年 16 歳　自分で改造した最初のギター、自作のイス

1951年17歳　1000人の前で指揮した校歌の演奏を終え

1952 年 18 歳　高校 2 年
初のオペレッタ上演後に演奏　左端の指揮が筆者

1953 年 19 歳　青山学院大学 1 年

1956年22歳

1958 年 23 歳　音楽院創立 1 周年

1964年30歳　国立音大の授業（太り始めた）

1965年31歳（モーツァルティウム前）

1966年32歳

ビクターでのレコーディング　左端が筆者（おなかポッコリ）

1970年36歳
世界3大女流ギタリスト、ルイゼ・ワルカー女史と

1971 年 37 歳
アニードと新堀ギター室内合奏団協演

1972年38歳　東京フィルハーモニー管弦楽団を指揮する筆者

1973 年 39 歳　「ＮＨＫ文化展望」に出演

1973年39歳（おなか巨大）

1974年40歳　ローマで

1974年40歳　英国公演の時（減量開始）

1979年45歳　妻、澄と（大幅に減量成功）

1987 年 53 歳 キャンドルコンサート（60kg 台へ）

1990年56歳　N校20周年パーティー
（アゴのラインがかなりスッキリ）

1992年58歳　理想的な弓なりの振りを実現

1995 年 61 歳　文化功労賞受賞の祝賀会で

2002年68歳　メインコンサート
ウエストもしまってきた

The Headquarters of Niibori Method

認定証

Certificate of Accreditation

―体重60Kg達成―

新堀 寛己 殿

Hiroki Niibori

あなたは、創立48周年記念パーティーに於いて公約通り見事に目標を達成されました。何事にも屈せず、夢を実現させるその姿勢は、正に創立当初からの新堀の精神を示すものであり賞賛に値します。この素晴らしい実績を後世に伝えるべく、新堀メソード総本部会一同は厳正なる協議の結果、ここに、この証書を授与することに決定しました。

今後も、この記録と共に、益々ご健康にご留意され新堀グループの創始者として私たち職員一同をお導きください。

NIIBORI GUITAR

2005年4月17日

17th Apr.2005

新堀メソード総本部会

常任理事

大宮哲・新堀澄・松浦勇人・小松崎和弘・柴山直人・西川満志・寺田和之・山本学・新堀きよみ

理事

窪田光明・岬崎考宏・石塚政俊・加藤卓司・加藤あなみ・百瀬賢午・百瀬恭子・林田俊一

前川理依・上村典広・落合洋司・竹内善紀・鈴木雅宏・中村真二

公約の 60kg 達成「認定証」

2005 年 71 歳　公約の 60kg 達成
創立 48 周年記念（誕生日）パーティーにて

2010年 76歳

2012年 78歳

2014年 80歳

2015年 81歳

2016年 82歳

2017年 83歳

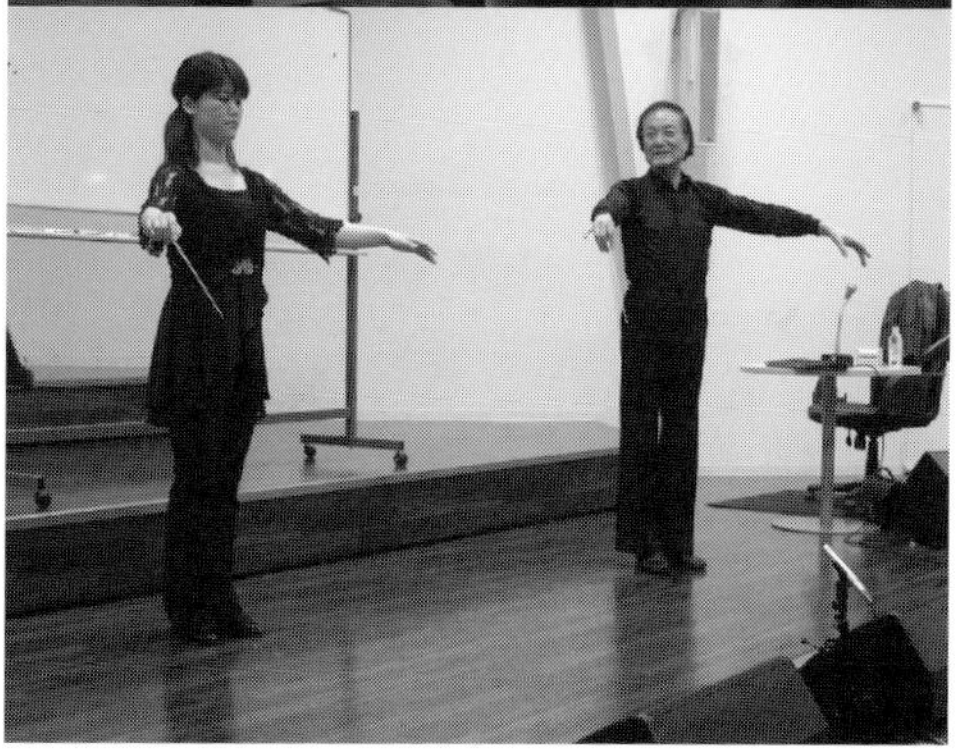

2006 年 72 歳　津ギターの定期演奏会
弓なりのポーズを実現

2016 年 82 歳　遊行寺 他阿真円上人出版記念パーティーにて

2017年83歳

はじめに

本書を手にとって頂き、ありがとうございます。私がこの本でお伝えしたいことは大きく2つあります。

1つは、私が目標だった30kg減量に成功し、その体重を30年以上維持しているという事実です。私のダイエット方法が健康と直結し、長寿にもつながっているということを皆さんにぜひお伝えしたいのです。これは今年84歳を迎える私自身の身体のことであり、私の言葉で語るのがもっとも説得力があると思っています。

ダイエットの方法は、世の中に溢れかえり、それぞれのやり方で成功している方も大勢いらっしゃいます。ただし、減量したその後はどうでしょう。ダイエットに成功したものの、すぐにリバウンドして元の木阿弥、という方も少なくないのではないでしょうか。私の周囲を見渡しても、一度はダイエットに成功したものの、すぐにリバウンドして、お腹がでっぷりと出てしまったと嘆く人がかなりいます。とくに高齢になればなるほど難しいテーマが出てくるのです。

ダイエットは減量したその先が大切です。無理なく自然な形で理想体重を維持継続できなければ、ダイエットした意味がありません。

私の場合、36歳のときに92キロあった体重を、45歳で62キロまで減量し、さらに2キロ落としました。リバウンドすることなく、今では59キロを維持しています。本書では、私がどのような方法でダイエットし、どのように30年以上体重を維持し続けてきたか、「新堀式健康ダイエット」のノウハウを初公開いたします。

指揮者という職業がら、過去から現在に至るまでの私の姿が、長年に渡って記録され続けております。よろしければ、私の他の著書やＤＶＤも併せてご覧ください。より詳細にご理解頂けるかと思います。

お伝えしたいことのもう1つは、ダイエットのゴールは、「美しさ」にあるということです。ダイエットは単に痩せればよいということではありません。見た目だけではなく、内面も美しくあること。年齢を重ねても、健康的でイキイキと輝き続け、心のなかに「幸せ感」が沸々と湧いて来るような人生を送れること。歳を重ねてなおイキイキと「生きがい」を感じることが何より大切です。

目指すゴールは「ビューティー」です♪　そのためのダイエットを目指していただくのが私の願いです。ダイエットの本当の意味を知り、美しく若々しくあるための健康長寿を深めていただければ幸いです。

なお、この本は全3巻を予定しています。第1巻は、私が、30キロの減量に成功し、30年間維持し続けてきた「事実」と「現状」について。第2巻では、新堀式ダイエットに深く関わる具体的な方法「ミュージックセラピー」について詳しくお伝えします。第3巻では、84歳になる私に、今なお起こるさまざまな出来事に触れつつ、「高齢者のためのダイエット」について述べたいと思います。

幸い今、私は極めて健康でイキイキと生きています。この年齢になるまで、健康で充実した人生を生きてきた私だからこそ、知り得たことや理解できたことがあります。涙の感動を生む仕掛けも併せてお話いたします。

同時のテーマですが、すべてが「幸福感に満ちた健康長寿へのゴール」へとつながっていきます。このシリーズをぜひ保存版としてお手元に置いて頂き、気になったときにさっと手にとれる身近な存在として、日々の生活に活かしていただけたら幸いです。

もくじ

第2章　太り始めた経緯・原因

1．生い立ち～幼少期

♪人様に対して寛大な心を忘れないように！

昭和9年、東京麻布に生まれ、杉並区で育ちました。両親は、逓信省（いまの総務省）で職場結婚。父は7人兄弟の三男ですが、長男はまだ子がいなく、次男を早く亡くしたことから、実質私は新堀本家の跡取りとして育てられました。

私の「寛己《ひろき》」という名前は、父が命名しました。名前の意味は、誕生当時の時代背景にあります。この頃の日本は、支那事変や2・26事件のクーデターなどがあり、情勢が不安定だったのです。「己は人様に対して、寛大な心を忘れるな」、つまり「大人になったら寛大な精神で平和心を大事にしなさい」という父の願いが込められているのです。

家族で杉並区に住んでいましたが、近くに、昭和期の代表的作曲家であり、ギタリストでもある古賀政男先生の「古賀ギター歌謡学院」があり、全国から音楽やギター愛好家が集まっていました。中野区と杉並区は芸術家にとっての聖地であり、才能ある人達のたまり場でした。そんな環境で育ったせいか、子どもの頃から音楽に、はまっていきました。

古賀政男先生は、古賀メロディーを通して、全国にギターの存在を知らしめました。しかし当時は、ギターに対する偏見が強くありました。ギターは、ピアノの300年史を遥かに超える600年という長い歴史をもっているにもかかわらず、アカデミックな日本の音大でもなかなか取り上げていただけず、後に私が創始した「ギターオーケストラ」は、邪道とまで言われるほどでした。

私は、オーストリアのウィーンを中心に活躍した作曲家・指揮者「ヨハン・シュトラウスII世」がとても好きなのですが、それは、II世の父親・シュトラウスI世が、ギター四重奏団からスタートし、II世がそれをさらに極め、それまで神様や王様中心に存在していた音楽を、一般大衆にも広めていった経緯と功績があるからです。

そんな思いに強く共感し、良い音楽の「生活化」に生涯をかけようと心に決めました。日本は「クラシック音楽こそ本物」という考え方が根付いていましたが、音大をはじめ、学校や家庭でも音楽を身近に楽しんでもらえるよう研究開発に力を注ぎました。「音楽は限られた人のためにあるのではなく、みんなのためにある！」。そんな熱い想いを掲げ、「ギター合奏（オーケストラ）」を創始し、そのためのメソードを創り、楽器を開発し、そのための楽譜等学術分野も極め、専門学校創設などを行ってきました。その最初の本拠地となったのが「杉並」という場所でした。

♪「ダイエット」「生活習慣病」という言葉が存在しない時代

幼少期の私は、痩せこけたガリガリの子どもでした。それも無理はありません。昭和９年生まれの戦争体験世代です。戦中はもちろん戦後もたいへんな食糧難の時代で、誰もが食料確保に必死でした。昭和20年終戦の年、私は小学校４年生でした。それから大学卒業の22歳まで、いわゆる育ち盛りの私は、いつもひもじい思いをしていました。当時は、今のようにコンビニも自販機もなく、簡単に食べ物を買うことなどできませんでしたし、栄養失調の人はいても、太り過ぎの心配をしている人は皆無です。当然「ダイエット」や「生活習慣病」という言葉も存在しませんでした。

♪母が着物を売って、サツマイモと穀物に交換

小学校4年生のとき、空襲から逃れるために宮城県に集団疎開しました。分教場の仲間たちと、楽器を集めて合奏をしたのですが、その時とても大きな幸せを感じました。この経験が私の音楽家への道へとつながっていると言っても過言ではありません。仲間と作り上げる音楽ほど素晴らしいものはありません。そして、平和ほどありがたいことはありません。心からそう思います。

小学5年生の時、戦場から父が戻った頃の母とのエピソードも忘れられません。戦後の食糧難のとき、母は自分の着物を売って、サツマイモと交換したのですが、そのサツマイモを私が口にすることはありませんでした。母がふかしたサツマイモは鉢の中に入れ、それを叔父の電気店の前で売って来るよう、母から指示されたからです。

サツマイモを売って帰ると、今度は母がそのお金で雑穀の中でもさらに安い穀物を買うのです。その穀物でパンを作り、私達子どもに食べさせるのですが、このパンがとても不味いのです。一枚の着物を、サツマイモとパンに交換するという合理的で賢い母でしたが、常にお腹をすかせていた私にとって、目の前のふかしたてのサツマイ

モが食べられないことほど辛いことはありませんでした。当時のひもじさ、悲しさはいまでも鮮明に覚えています。それからずっと後に、食べ過ぎ時代がやって来るとは、当時は夢にも思いませんでした。

♪戦後初のオペレッタの成功が活動の原点

学生時代は音楽に夢中になりました。特にアンサンブルに興味があり、小学校時代から合奏団を作ってリーダーをしていましたので、ギターをはじめ様々な楽器には触れていました。しかし、自分専用のギターを手にしたのは16歳のときです。多彩なストロークができるように右ブリッジの工夫もしました。

「みんなで音楽を楽しみたい」。「仲間たちと一緒に演奏したい」という思いが更に

16歳　自分で改造した最初のギター

高まり、高校2年生のときに器楽部々長の私は美術部や合唱部にも声をかけ、音大の先生にもアドバイスを頂きながらオペレッタの実現を目指しました。そしてついに、大勢の生徒たちの前で「赤ずきんちゃん」や「白雪姫」のオペレッタを上演しました。当時は娯楽が少ない時代でしたから、全校生徒が大喝采して喜び、結果は大成功でした。演奏者、指揮者、振り付けをする人、舞台の絵付けをする人、全員で協力しあってできた総合芸術です。指揮を担当した私も、満足感と達成感で満たされました。この戦後初のオペレッタの成功が、その後の私の活動の原点となっています。

スポーツ部には予算が付くのに音楽部には予算が付かなかったので、校歌を作って体育祭でそれを使い応援しました。このアピールでついに予算を確保したことも忘れられない思い出です。

授業のあとにオペレッタの練習を始めるのですが、とにかく腹ペコで仕方ありません。学校近くのイモ畑にこっそり出かけ、お芋を拝借して、枯れ葉を集めて火をおこし、焼芋にして食べたこともありました。当時の私は、身長が170センチ近くあり体重は50キロを少し越えたくらいでしたが、そうやってフラフラになりそうな身体を保っていたのです。

この頃太っている学生は一人もいませんでした。日本がどんどん飽食の時代へと移っていったのはそれから先です。なんの苦労もなく食料が手に入るようになった時、「これで、もうひもじい思いをしなくてすむ」とほっとしたのを覚えています。食べたい物を好きなだけ食べられる今は、本当に幸せで贅沢なことです。

2. 青年期～結婚　太り始めた経緯・原因

♪大学卒業の年に「新堀ギター音楽院」を設立

中学校卒業後、都立第五商業高等学校に進みました。卒業したらすぐに働きに出るように言われていたのですが、音楽の素晴らしさに目覚めた私は、「音楽家になりたい」「作曲したい」「合奏したい」という気持ちが膨らむ一方でした。高校2年生のとき、進学したい大学を決めました。それは、宗教音楽家まで多彩な音楽の先生方が揃っている「青山学院大学」でしたが、両親に話したところ猛反対されました。

当時の日本は、音楽に対してひどい偏見がありました。ギターといえば「不良の若者が熱中するもの」と思っている人達がたくさんいました。ピアノやバイオリンの方が社会的地位があったのです。楽器に対してそんな差別があること自体おかしな話ですが、ギターは下賤なもので、クラシック音楽こそ「正統派」「本格派」だという偏った考え方が存在していました。

私は諦めることができず説得を続けました。ついに妥協した父が出した条件は、進学は許すが、「英語を勉強しなさい」「ギタリストにはなるな」「音楽をやりたいなら先生になれ」というものでした。

私にとってとても厳しい条件でしたが、願いを叶えるために頑張りました。当時、商業高校では力を入れていない英語も2人の先生につき、青学の特別コースを受け、懸命に学びました。ギターも続けたかったので、勉強の傍ら、古賀ギター歌謡学院に通い続けました。

学校側も驚いていましたが、努力が実り、希望の青山学院大学についに合格しました。大学生活では、教員免許をとり、大学2年のときに初リサイタルを開きました。合奏にこだわり続けた私は、ギターアンサンブルやギターオーケストラを創るための小型ギターや大型ギターなど、リンゴの空箱に弦を張ったりしながら楽器開発の工夫研究を続けました。

ギター教室を開設するための本格的な準備を開始したのは、大学3年生のときです。自宅の横にトタン屋根の4畳半くらいの狭くて貧しいバラック小屋を建てました。ここでの思い出は語り尽くせません。

「良い音楽をすべての人に届けたい」という思いから、青山学院大学卒業の1957年、「新堀ギター音楽院」を設立しました。そして1961年、27歳のとき、

1957年22歳　青山学院卒業

私が考案した「新堀メソード」がついに国立音楽大学に採用され、ギターの指導者として初代講師になりました。１９６４年から25年間、音大で教鞭をとりました。ギター界の若造が、音大の先生に選ばれたのには理由があります。ほとんどのギタリストが独奏中心でしたが、私は学校内でできるギター合奏法を開発し、可能にしたからです。

ギターの普及活動、ギター指導者づくりのための活動などに全力を注ぎ、新堀の教室も全国にどんどん増えていきました。

ところが、仕事の成功に比例するように私の体重もどんどん増えていったのです。

♪結婚後、洋食中心の生活で体重はさらに上昇

「新堀ギター音楽院」を開設した年に、ずっと私を助けてくれて来た高校の同級生と結婚しました。オペレッタを成功に導くのは本当に大変なことなのですが、メンバーを集めたり、進行を考えたり、さまざまな活動をともにやってきた同志ともいえる女性です。

彼女はクラスでいちばん小づくりで、私は背が高い方でした。キリスト教の洗礼は

受けていませんでしたが、私の「音楽の生活化運動」に賛同していただいたことで、例外中の例外として、青学の本部チャペルで、ドラマティックに式を挙げることができました。宗教音楽家の高柳先生に仲立ちしていただきました。

結婚後は洋食中心の生活でした。妻は私がお腹をすかせないようにと気遣い、パワーを付けようと、肉料理中心の献立を考えてくれました。私はとにかく忙しかったので、栄養のバランスに気配りするよりも、胃袋を素早く満たしたいと考える毎日でした。食生活が乱れている上に、暴飲暴食、偏食もあって、体重計の数字はぐんぐん上がりました。摂取した分を消費すればよいのですが、30代は運動不足もあって増加の一途でした。

30歳の時のレコーディング風景。この時80キロ近く

♪過食・間食・夜食・早食いで、90kgオーバー！

当時の生活は、依頼された仕事はすべて引き受けていたので多忙を極め、不規則で昼も夜もありませんでした。徹夜するのも当たり前で、夜食にラーメンやカツ丼を食べていました。しかも早食いです。短時間に大量の料理をたいらげるのが日常でした。

当時は炭水化物ばかり食べていましたから、太るのも当たり前です。食事以外でもお腹が空いたら、アイスクリームなどカロリーの高いお菓子を好きなだけ食べていました。当時はタバコもスパスパ吸い、深酒もちょいちょいありましたから、身体にいいはずがありません。ハチャメチャな生活でした。

32歳の時、クリスマスコンサート

23歳のときに56キロだった体重が、1970年、36歳のときには人生最高の体重92キロになりました。なんと13年で36キロ増です。

20世紀最大のギターの神様、アンドレス・セゴビア先生と並んだ写真を見ると、36歳当時の私は顔も身体もふっくらと丸く、この写真は現在、周囲の多く人のたちからも「まるで別人のようだ」と言われます。

指揮者は後ろ姿を見られることが多いのですが、背中やお腹、腰回りにたくさん肉がついているのでちょっと格好悪いですね。当時は若さで乗り越えていたのですが、太っていたせいか疲れやすかったのを覚えています。

36歳のときセゴビア先生と。私は90kg以上

3．ダイエットを始めたきっかけ、心情

♪「このままでは40代は生きられない」と宣告される……

今思っても不思議なくらいですが、そんな状態でも、食に対しては無頓着で、「痩せよう」という自覚はありませんでした。当時は、お腹も突き出ていて、車のハンドルにお腹が触れて運転しづらかったですし、足の爪も自分で切れないほどでした。「NHK文化展望」というテレビに出演した当時の自分の後ろ姿をいま見ると、とても恥ずかしいものです（アルバム頁1973年39歳の写真）。

そんな私がなぜ「減量しなくては」という思いに至ったかを書きたいと思います。

1974年、区役所から集団検診の話がありました。うちの音楽院に移動レントゲン車が来て、スタッフ全員の健康診断をしてもらうというものです。仕事も軌道にのり、多忙を極めていたので検診は後回しにしていたのですが、これを機に私も初めて受診しました。この時、女医さんから、忘れもしない言葉をかけられたのです。「あなたはかなり痩せる努力をしないといけません。血流もよくないし、心臓にも負担が

かかっています」と注意されたのです。「肥満は、脳出血や心臓病、糖尿病になるリスクもあります」。さらには「代表者という立場なのですから、もう少し自覚しないといけません。このままだと、あなたは40代を生きられませんよ」と言われ、ショックを隠せませんでした。この言葉はさすがにこたえ、肥満に無頓着だった私が初めて「このままではだめだ」と自覚しました。

♪デパートの太っちょマネキンに大ショック!!

もうひとつ、ショックだったのが、デパートでの出来事です。紳士服を探しに出かけたときのこと。開店したばかりの新宿伊勢丹メンズ館に出かけ、欲しい服を見つけると、どの売り場でも、案内係から「こちらではなく上のフロアにございます」と促されるのです。そのコーナーに向かおうとエレベーターで上ると、いきなりとてつもない太っちょマネキンが目に飛び込んできました。そのマネキンは野暮ったい服を着ていました。ギョッとして、「これが私なのか!」と愕然としました。このとき、自分の体型を客観的に知らされ、さらに目がさめました。40代前の体重が90キロあった頃です。

焦りにも似たような気持ちになり、自分の身体は自分でコントロールしなくてはいけないと決意し、ダイエット生活に突入しました。

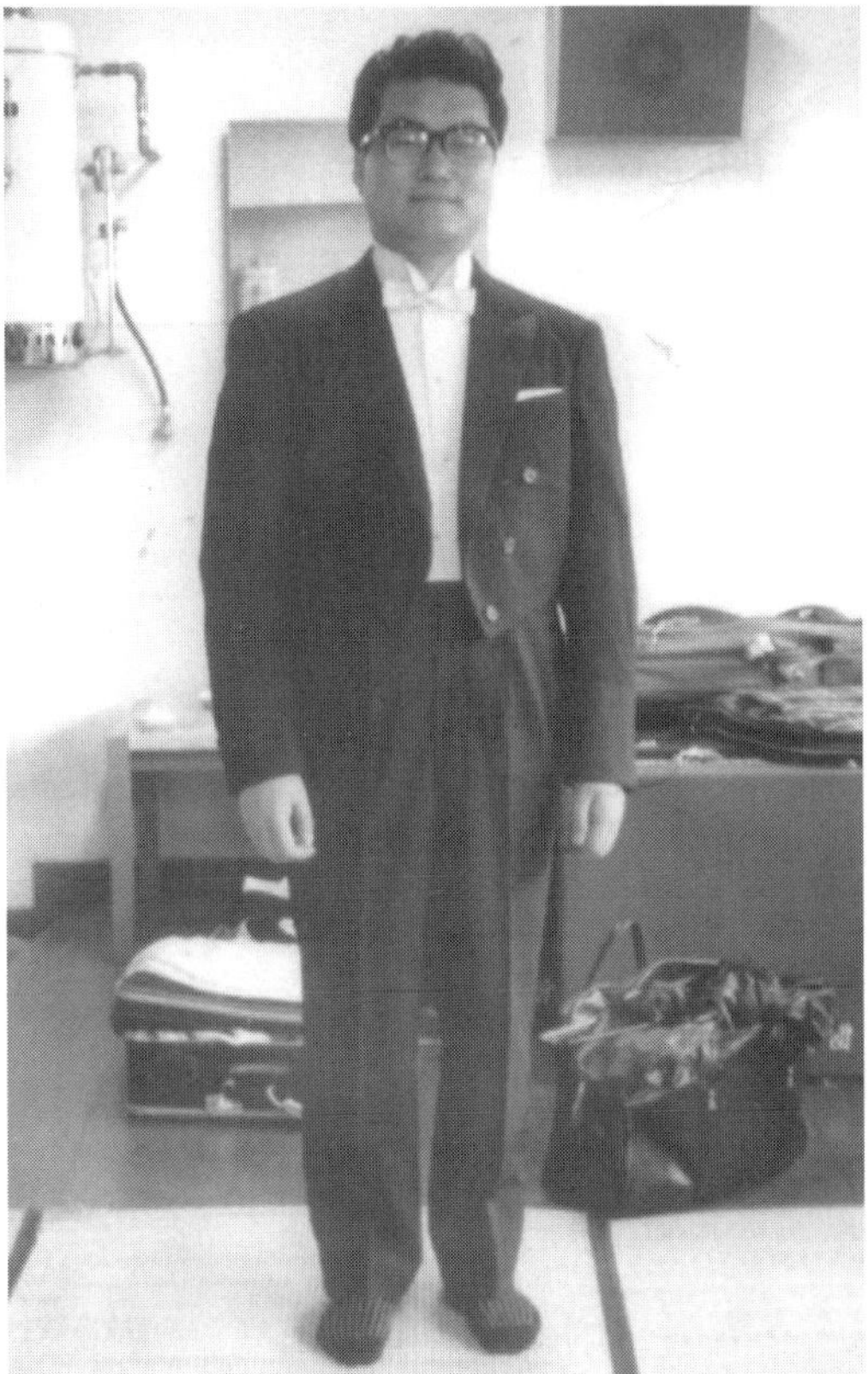

1967年33歳　秋田県県民会館楽屋で

33 歳　木島則夫モーニングショー出演

33 歳　創立 10 周年記念講演

第3章　ダイエット方法&健康長寿術

1. 指揮者 岩城宏之氏の本

♪白砂糖カットであっという間に10kg減！

医師から宣告されて現実を知ったことと、自分を客観視したことで、「ダイエット」実行を決意しました。私は決めたらとことんやるタイプなので、さっそく減量に取り組みました。

最初にトライしたのが食事法です。参考になりそうなダイエット本をいろいろ探しましたが、『男のためのヤセる本―ドレミファ文化論』というタイトルの岩城宏之さん（私と同業の指揮者）の本に興味を持ちました。岩城さんは2ケ月で13kg痩せ、話題になっていました。短期間でここまで痩せられたらいいと思い、参考にした本には、どういう食事法がよいのか、カロリーと運動の関係、成功の秘訣などが書かれていました。中でも白砂糖カットのダイエット法は、私でもすぐに真似できそうだと感じました。

その頃の私は、砂糖の良し悪しや摂取量など考えたこともありませんでした。一日何杯も飲んでいたコーヒーには、毎回、砂糖もミルクもたっぷり入れていたのです。さっそくコーヒーの回数を減らし、飲む時は砂糖を入れず、料理も砂糖をひかえたものを中心にするようにしました。するとみるみるうちに体重が減り、あっという間に90㎏あった体重が80㎏になりました。僅かな期間に、10㎏の減量に成功したのですから、これには驚きました。それまでの食事がいかに砂糖のとりすぎでカロリーオーバーであったかが明らかになりました。

2. 食生活の改善

♪食生活の改善とスタイル維持を意識

砂糖カット他、不規則でだらしない食生活を改め、量も制限しました。まずは過食・間食・夜食・早食いを改善しました。それまでは、欲望のままに食べ物を胃袋に納めていましたが、当然ですが、食事のとりすぎは厳禁なのです。

ダイエット生活を始め、太い服は下着も含め処分しました。そして新しいパンツ（ズボン）は必ずウエストが細いものを購入しました。とくにデートのときは、きつめのパンツを履いてスタイルを意識するよう習慣づけました。後でわかったのですが、ウエスト85センチでは、ヒップラインがズン胴となり、82センチだとクビレが出るのです。パンツの作り方が違うので、ウエスト84センチ以上になると、全体のスタイルが大幅に悪くなる事も知りました。

ウエストサイズを知るバロメーターにもなるパンツは、スタイル維持にとても役立ちます。目安となる服を時々着て自分の容姿や背格好を意識し、食事制限することでダイエットが進み、76kg位までダウンしました。

♪指揮者にとって太り過ぎはタブー

身体も脳も柔軟になるのがダイエットのメリットです。とくに指揮者にとって、太り過ぎはよくありません。指揮棒を前後に大きく動かしますから、ラクに身体を弓なりに動かせる必要があります。スマートに指揮棒を振るためにも、体型維持はとても大事なことなのです。
脳のイメージ通りに身体が動くことで、さらに進化を促進します。「ダイエット」は、脳にも身体にも革命をもたらすのです。さらに美しい身体の表現がアンチエイジングにつながることも実感できたので、こちらについては次巻で詳しく述べたいと思います。

体重がダウンすると、キレのある指揮ができるようになり、見た目も美しくなって、良い事ずくめになりました。70代になってからあちらこちらで「新堀さんの後姿はカッコイイ！」と言われるようになりました。それ以前には言われることのなかった嬉しい言葉です！

背中をそらして弓なりでタクトを振ることができるように！

♪再婚をきっかけに洋食から和食へ

さらに体重を落とすきっかけとなったのが再婚です。最初の結婚は19年間で、41歳のときに離婚したのですが、独身になって食生活が変わり、少し体重が落ちました。そして１９７８年の44歳のときに再婚したことで、食生活が一変しました。妻が医者の家系だったので、栄養についても詳しく、身体に良いとされるヘルシーメニューが食卓に並びました。洋食から和食中心の食生活を送るようになったのです。

36歳の時に92キロあった体重は、45歳で62キロに落ち、以来、30年間以上リバンウンドすることなく、ずっと60キロ前後の体重を維持しています。

1978年44歳　結婚式

いまは、全体に食事量が減り、塩分と水分のとりすぎに気をつけています。噛むことも大事なので、ナッツなど柔らかすぎないものも食べています。

♪ダイエット成功のカギは「1日2食」

ここがいちばんお伝えしたいことなのですが、ダイエット成功の鍵は、「食事の回数にある」と確信しています。今、テレビ番組や専門誌などで、長寿の秘訣の特集がさかんに組まれ、さまざまな説が紹介されています。中には、「1日3食」が長生きの一番の基本であると述べていたり、食事内容を細かく決められていたりしますが、私の持論は3食きちんと摂ることが必ずしも身体に最適だとは限らない、ということです。ここが非常に大きなポイントと考えます。

とくに高齢になるほど1日2食がベストであり、健康長寿の大元だと思っています。こちらの詳しい内容も第2巻、第3巻で詳しく述べる予定です。

もちろん、太りすぎの場合は、適正体重にする必要はありますが、食事に関しては「こうでなければならない」という決まりはないと思います。「規則正しく」「食事は抜くな」

などと言う人もいますが、その日のエネルギー消費や体調・年齢に合わせて食事をコントロールするのがポイントだと思います。高齢になったらなおのこと、自分の身体の声に耳を傾けるべきです。それが、現在83歳、身長167センチの自分の身体と健康長寿を通してわかってきた結論です。

私の場合は「1日2食」がベースです。ただし、いつも2食というわけではなく、1日のスケジュールによっては1日3食、1日4食の日もあり、食事回数を変えています。

♪エネルギー消費に合わせた食事法

基本は2食ですが、消費に合わせて食事回数を変えています。執筆、書類整理など、デスクワーク中心の日は、朝と夜の1日2食で充分ですが、夜に演奏会が入っている日や講演やスクールコンサートのように午前と午後に仕事がある日もあります。その日の本番に合う時間とエネルギー消費に合わせて食事をとるようにしています。

リハーサルと演奏会本番の日は、かなりのエネルギーを補給しなくてはなりません。

たとえば、夜演奏会がある日を例にとると、1日4回食事をとっています。リハーサルは本番以上に長時間となり、かなりエネルギーを使いますから、朝7時に軽く朝食をとり、リハーサル前の午後1時前後と本番前の午後5時台に少量摂取します。何も食べずにステージに上がるのは、エネルギー不足になるので避けます。もちろん胃に負担がかかる満腹状態には絶対にしてはいけません。コーヒーやコーラのような甘味飲料やマヨネーズのような脂の入ったサンドイッチ（とくにカツサンド）は、胃酸過多になりよくありません。お腹を満たすためではなく、身体をアルカリ性にして体力と粘りを持たせるために摂取する食事法なのです。

これまでの私の経験から、梅干し入りの小さなおにぎり1個をお茶とともにお腹に入れるのが、一番いいことがわかりました。やはり和食が一番です。これ以上の組み合わせは世界中どこを探しても存在しないのではないかと思います。

そして、演奏会が終わった夜9時過ぎに、4回目の食事をお酒とともにゆっくりといただきます。身体は喜び、脳も活性化し続け、若返りの基本ベースを作ることができます。

この食事法は職種によって異なります。同じサラリーマンでも営業職や事務職によって回数や量などが変わりますが、「エネルギー消費に合わせた食事法」こそ健康長寿の大元だと断言できます。私自身とても調子がいいので、周囲にも自信をもって勧めています。

♪食事は「少量多種」「腹七分」がベース

歳を重ねてきたら、食事の摂り過ぎは絶対によくありません。1日に摂取する食事量は少なめにする。これが、健康長寿・リバウンドのないダイエットの秘訣です。必要以上に摂取するのではなく、いろいろな種類を少しずつ食べる「少量多種」が理想的です。いわゆる昔から伝わる一汁三菜を基本とした和の献立です。江戸時代は、1日2食、米中心の生活でした。だからこそ「小腹がすいた」という言葉があるのです。

3食しっかり摂るのは、高齢者にとって過食傾向になるので注意が必要です。高齢者に限らず、40歳を過ぎた頃から注意すべきだと思います。

私の場合は、昼食は、軽めにするか食べない日もありますが、その分、夕飯は自由に好きなだけ楽しんでいます。自宅のある葉山周辺には、夕食の行きつけのお店がたくさんあり、店主には「少量多種」をお願いしています。私はシャンパン党ですが、晩酌はなるべくアルカリ系（シャンパン、白・赤・ロゼワイン、ブランデー等）にして、おいしい料理を多種で少しだけ食べるのが鉄則です。お酒を楽しみながら100分以上時間をかけて夕飯を頂きます。もちろん満腹になるまでは食べず、「腹七分」を基本にしています。食べ過ぎ防止に小さめの食器を使うのもコツです。

♪日野原重明先生も身体に合わせた食生活を実践

医師であり音楽に精通していた聖路加国際病院名誉院長の日野原重明先生は、私にとって最も尊敬する人物でした。2017年7月、御年105歳で亡くなられましたが、先生は前日までお仕事をされていました。私も先生のような素晴らしい一生を終えられたら本望です。生涯現役で、多くの人に影響を与えた本当に素敵な人生です。日野原先生は、オペラも書く音楽家であり、ミュージックセラピーの分野でも草分け的存在の方でした。

音楽がいかに健康長寿に効果的であったかを実証させた実例といえます。これからも、先生は健康長寿のお手本であり続けるでしょう。

ところで、日野原先生の食生活も、食事回数をとくに決めず、朝は、ジュースと軽食。夜はしっかりとり、ステーキも大好きだったそうです。

年齢によって、身体は変化していきます。歳をとれば、咀嚼や消化の力も若い頃とは違います。高齢になったら、その時の身体に合わせた食のライフスタイルに少しずつ切り替えるなど柔軟に対応することも、長寿の秘訣ではないでしょうか。食事の回数をきちんと決めるのではなく、身体と相談しながら摂取する、というのが私のたどりついた結論です。

昔の習慣をそのまま続けるのではなく、現在70歳、80歳、90歳、１００歳の人たちの成功例を大切にしてほしいと思います。日野原先生も１０５歳の長寿を全うされましたし、間もなく84歳を迎える私自身、この方法で健康な毎日を送っていますので、ぜひこの方法を試してみてください。

♪新堀流、朝食の摂り方

食事は大切です。特に朝食は和食がベストです。美味しいお米を少しと、ややコクのある具がたくさん入った味噌汁が理想的です。

食べ方ですが、まず、野菜ジュース、次にサラダを身体の中に入れます。体温を急に下げないよう、最初に、アルカリ性食品でもあるごぼうやイモなど繊維質の野菜が入ったサラダを食べ、次に、梅干しをお茶とともに身体に入れます。胃の酸と梅干しの酸を組み合わせて中和させるためです。

ちなみに、「アルカリ性食品」は、野菜（ほうれん草、ゴボウ、サツマイモ、ニンジン、里芋など）、果物（メロンなど）、海藻（ひじき、ワカメ、昆布等）、キノコ、干し椎茸、大豆など。「酸性食品」は、肉類（豚肉、牛肉、鶏肉など）、魚類、卵、砂糖、穀類（米、酢等）などです。

主食のご飯は、お茶碗に半分くらい。味噌汁は一杯で塩分は少なめです。おかずは、干物や焼き鮭などの魚が中心です。卵と海苔と納豆は必ず食べます。卵は、生卵・半熟・ゆで卵なんでも食べます。お新香に醤油がほしい時には小皿に少し入れたものをチョンと付ける方法がよく、塩気の少ない白菜を比較的多めにとります。そして食事の最後に果物を多めにとるようにしています。

朝食時間は、新聞を読む時間を含めて50分くらいかけます。あわてずによく噛んでゆっくり食べるように意識しています。

木曜日は、メンテナンスデーとして自作ストレッチ後、サウナ、全身トリートメント、アロマセラピー、タイ古式整体などを取り入れていますが、この日の朝食は白米ではなく、おじやか雑炊で、胃腸の休息メンテナンスも意識しています。

旅先の朝食で、ビュッフェスタイルのときがありますが、ビュッフェスタイルは、つい好きなものだけを選んでしまいますし、食べすぎの心配もあります。やはり、栄養学などの知識をもつ料理の専門家が提供する身体に良い和食を適量食べる方がいいと思います。

♪甘いものは、朝食と組み合わせるのがコツ

いろいろ試してみてわかったことは、「間食」はダイエットの大敵だということです。

リバウンドに直結します。食事と食事の合間に、お菓子などをつまむ習慣は最も避けたいものです。食べ方ひとつで体重に大きく影響しますし、カロリーを気にすること以上に大切です。間食というのはせっかく胃と腸を休ませ、血流を他の臓器に向けている時間なのですから、その最中に胃に新たな負担をかけるのは、健康長寿の観点からみても最もよくありません。

お菓子やデザートなど、甘いものを食べたい時は、間食や夜食ではなく、朝食時に食べるといいです。デザートやスイーツは、朝食の最後にとるのが、リバウンドしにくいコツです。

私の場合デザートは、こってりした生クリームを使ったケーキ類はとらず、フルーツが中心です。新鮮な旬の果物は朝にふさわしく、美味しくいただけ、かつ甘味を求める欲求を満たすこともできます。

♪自分の心と身体に相談。客観視することも大事

食事は、量や食べ方も大切ですが、なにより自分の心と身体に相談するのがいちば

んです。身体が欲しているものを適量、摂取します。つまり本能に従うわけですが、どんなに目が欲していても食べ過ぎはいけません。食事の量が少し多いかな、と感じたら必ず残します。戦中戦後の食糧難の時代を生きた人間にとって、食べ物を残すことに対して罪悪感があるのですが、体型維持、健康長寿のためにも「残す勇気」が必要です。

また、自分のことを客観視してみることも大切です。第三者目線で、自分の姿を見つめ、「いまは食べてよいのかどうか」を自分に問います。かつて、私が伊勢丹のマネキンを見てショックを受けたように、自分が外からどう見られているかを常に意識することが、太り過ぎの抑制となりダイエットの成功にもつながっています。そのためにも等身大の鏡と体重計の設置は重要です。

♪お酒はアルカリ系がおススメ

初めて英国で演奏した時のエピソードです。本番前に楽屋で練習し、時間が来てステージに移るとき、その途中に小さなアーティストバーがあったのです。台の上には白ワインが少しだけ入ったグラスが並んでいて、演奏者がクイッと口の中に放り込んでいるのです。そんな光景は初めて見ましたし、誰からも聞いたことがなかったので、びっくりしました。「演奏の直前にアルコールをとるなんて！」日本では考えられない習慣だと驚き感嘆したのを覚えています。

演奏会の直前にほんのひと口のワインが入ることでリラックスできます。

ステージの生演奏に解説（トーク）を入れるのは、やはり緊張するものです。そんな緊張感を和らげてくれるのが身体のアルカリ化です。ワインを飲むことでリラックスでき、トークも饒舌になります。

また、人間の身体は酸が強くなると緊張したり、疲れやすくなったりするので、アルカリ性で中和させるという科学的な根拠もあります。昔の私はウイスキーをよく飲んでいたのですが、飲みすぎると酸化が進むので、ブドウを原料とした、白ワインや赤ワイン、シャンパン、ブランデーなどアルカリ系のお酒を選ぶように心がけています。

健康にも良く、気分を上げてくれるアルコールはとてもありがたい存在です。シャンパンの摂取量が全国的に増えていますが、「健康長寿」の観点からもお勧めしたいと思います。

♪健康長寿の秘訣は上質のシャンパン

夕飯時は必ずお酒を嗜みますが、複数の種類を飲むチャンポンはしません。ウイスキー、日本酒、ウォッカ、カクテルなどいろいろ混ぜて飲むのは、身体への負担がかかりかかります。健康でいるためには、加齢とともにお酒の飲み方も工夫していくのがポイントです。時間をゆっくりかけ、会話を楽しみ、アルカリ系がコツです。

食事の順番としては、まずビールから。生ビール、黒ビール、その次にやや辛口のシャンパンを頂くことが多いです。とくに身体によいといわれる、ブレンドの少ない上質なシャンパンが好きです。モエ・エ・シャンドンやヴーヴ・クリコ等をカチカチに冷やして、生牡蠣やキャビアとともに食べると最高です。

またドイツも日本と同様に水が美味しいので、冷やして飲むモーゼル系のワインが日本人の身体によく合うのでお勧めです。良質で純粋なシャンパンなら多少飲みすぎても翌日はスッキリしていますよ。

スパークリングワインとシャンパンは例外をのぞいてかなり違います。フランスのシャンパーニュ地方で獲れた純粋な上質のシャンパンは、純度はトップクラスで、自然発酵を閉じ込めているものです。この閉じ込めた酸こそが身体によいのです。高価となりますが、ぜひ上質なシャンパンをお勧めします。シャンパンのランクがサイトに表記されていますので、ご興味のある方は調べてみてください。

テレビやラジオ、新聞などマスコミ関係者から「先生の若さの秘訣はなんですか？」とよく聞かれるのですが、いつも同じで「良質の音楽とシャンパンです！」と答えています。夕食は、一日の終わりの締めくくりであり、疲れをリセットする最も大切な時間で一番の楽しみです。心地よい空間でリラックスして、気のおけない大切な人たちとおしゃべりしながらいただく食事は、脳にもとてもよい影響を与えます。私にとって、毎日の夜の食事が、健康長寿や若返りの大きな要素となっていることは間違いありません。

♪「絶食」ではなく好きなものを少しだけ

いくら痩せたいからといっても、絶食はよくありません。欲求不満が蓄積し、リバウンドしたり、以前にも増して食欲が増したり、あとになって返ってきます。私も食べたいものは我慢せずに食べています。チョコレートも食べますが、たくさんではなく一口、二口でよいのです。お刺身も好きな種類をそれぞれ2切れずつ、という食べ方です。

夕飯では、生牡蠣や茶碗蒸しなど、私が好きなものを用意してくれるので、つまみとして多種少量をシャンパンとともにいただきます。炭水化物はほとんどとりません。店によっては、サービスとして、とにかくたくさん出すお店がありますが、量が多ければいいというわけではありません。エネルギーを必要とする若い人対象ならそれでもいいかもしれませんが、年を重ねると、量のとりすぎは最も危険です。リバウンドするだけでなく、臓器が疲弊して老化が早まるので（ここが大切）、少しずつ多品種摂るのがコツです。

高齢者にとっては一人前ずつのフルコースは多すぎます。たとえば、居酒屋なら、コンディションに合わせて自分の分だけ少し取り分ける、シェアするスタイルがいいと思います。

食べ方も重要です。私は早く飲みませんし、ゆっくりと食べます。だから、乱暴な呑兵衛とは一緒に食事しないようにしています。無理なく「脳が喜ぶ」ことをするのが長続きの秘訣であり、「健康長寿」と密接に関係しているのです。

3．マッサージ（整体）・サウナの活用

♪定期的なマッサージで身体をメンテナンス

食事の工夫に加え、ダイエットにも効果があると知り、マッサージ（整体）も取り入れました。指揮者は全身を使う体力勝負の仕事なので、身体のメンテナンスは欠かせません。疲れを取り除いたり、硬いところを柔らかくしたり、身体をほぐしてくれる場所が必要です。

最初に通ったスポーツマッサージでは、ピアニストのためのプログラムでしたが、（ピアニストの中村紘子さんも、ピアノ演奏のための施術を受けていました）。ギタリスト（及び指揮者）の私のためのプログラムをつくっていただきました。

誰に施術してもらうかによって違います。なかには「力が足りなかったら教えてください」と聞いてくる人もいますが、技術力のあるAランクの施術士は、こちらが何も言わなくても、血流が滞っている部所をすぐに当てます。ひいきにしている秋田県の盲目の名人は、私の身体に触っただけで、「右足の付け根からやりましょう」と、すぐに不調な箇所を言い当てます。不調の原因や手入れの強さまで理解し、その時の私に適した施術をしてくれます。

部分的な施術ではなく、全身マッサージが、ダイエットに効果があります。老化を遅らせ、体重と体型を維持しているのは、こうした身体のメンテナンスと調整を続けているからだと実感しています。マッサージの詳しい施術については第3巻で触れたいと思います。

♪サウナ利用がダイエットに効果大

マッサージの専属トレーナーのチームから、「サウナはご存知ですか。ダイエットにも効果がありますのでご紹介しましょう」と教えてもらったのが、私のサウナ利用のきっかけです。50年以上前の当時はまだ「サウナ」自体が珍しく、一般的ではありませんでしたが、身体が資本のスポーツ選手の人たちは定期的に利用していました。

ダイエットを目的とした私のプログラムは、40～50代当初は1回10分を6回くらい入りました。サウナに出たり入ったりを繰り返すことで、最高1～2キロは減量できます。けっこうきついのですが、冷たいタオルをのせて頭を温めないようにするコツも覚えました。効果てきめんなのですが、サウナのあとのビールがまた格別に美味しいのです。「サウナに入って飲んでいたらダイエットの意味がない」と言われること

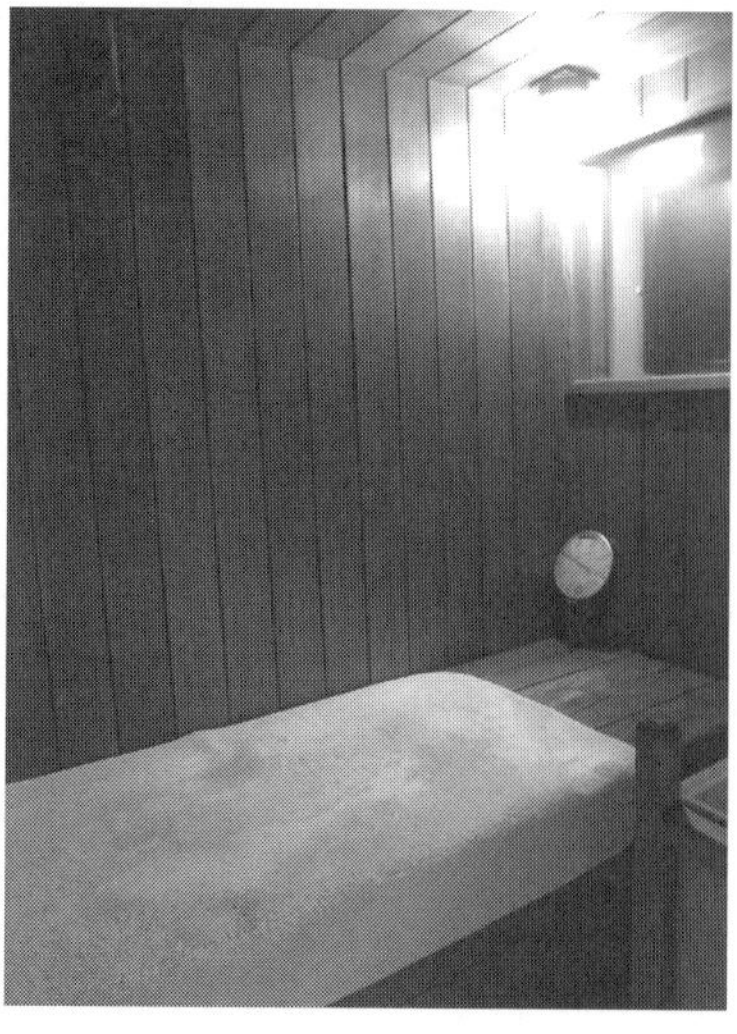

自宅のサウナ室

もありましたが、それでも、サウナ利用はダイエットに効果的です。

今でも、食べ過ぎを自覚した翌日は、それを意識した方法でサウナに入ります。私にとって体重維持ができて、脳がとっても喜ぶダイエット法のひとつです。ちなみに、80代の現在では時間と回数を減らしています。個人差はありますが、1回7分を2～3回入るのが目安です。(0・8キロは減らせます)。自分に合ったやり方が基本ですが、詳しくは第3巻で解説します。

♪男性専門のダイエットサロン「ダンディハウス」の体験

サウナに通っているとき、ダイエットや脂肪燃焼に独自の技術を持つ「ダンディハウス」の存在を知りました。「ダンディハウス」とは、男性を対象としたダイエットサロンのことです。内臓脂肪や皮下脂肪などを燃焼しやすくして凝り固まった脂肪をもみほぐし、脂肪燃焼させ、また筋肉を鍛え上げるのです。関心をもった私は、引き締まった身体づくりを目標に、横浜の「ダンディハウス」に通うことにしました。

カウンセリングを受けたあと、全身の計測からスタートします。次にサウナに入って汗をたっぷりと流してから、もみほぐしや専門機器を使った本格的な痩身コースへと続きます。横になった姿勢のまま有酸素運動と同等の効果を発揮します。

続けることで体重が減少し、見た目の変化や引き締め効果があると評判のダイエットサロンですが、かなりハードなので、ある程度の体力が必要です。

「身体を整える日」と「リラックスする日」が分けて設けられていて、私にとって印象的だったのが、「リラクの日」です。竹林が描かれたアロマの香りが漂う贅沢な王朝風の空間の中で、心身ともにくつろぐことができました（これを参考に、自宅の健康ルームには竹林の壁紙を取り入れました）。脳に優しいＢＧＭも流れ、ミュージックセラピーの効果も絶大でした。

「ダンディハウス」は、専用のサプリと併用しながら、週に１日、２年ほど通いました。（サプリはやや高価でした）。疲れすぎない程度にやるのがポイントだと感じたので、今後は、高齢者向けコースの充実を期待しています。

♪健康ルーム&サウナルームを自宅に設置

自宅は、神奈川県三浦郡の葉山町にあります。小高い丘の上にあった教会を改装して住まいにしました。この家に住んで、35年になります。東京から葉山に引っ越した理由は、自宅にサウナ付きの健康ルームが欲しかったからです。日本各地のサウナに通いましたが、時間をかけて往復するのが大変になってきたのです。

目的は「健康長寿」のためです。私にとって、健康ルーム（各機器）とサウナ室は欠かせませんでした。往復時間をかけずにサウナが利用できるのはありがたいことです。通いの頃は、ハードに利用していましたが、80代の今は、サウナは1度に2〜3回コースで入っています。頭を温めすぎると辛くなり危険なので、頭には冷たいタオルで「頭寒足熱」に気をつけて入っています。ここは最も大切なポイントです。湿度は、腰の高さで70

建築中の自宅　50代のころ

度前後に設定しています。

健康室とサウナ室のほかに、ジャグジー、水風呂、ベッド、ラドンルームも設置しました。ラドンについてはこのあと詳しく触れます。

♪毎日散歩する必要はない

最近になってようやく、「高齢者のジョギングのしすぎは危険」だと言われるようになりましたが、無理をするとダイエットどころか、短命になりやすいので要注意です。

自分が心地良いと感じることをする。すなわち、無理はせず、脳が嫌がることはなるべく避けるのがポイントです。

健康で幸せな脳でいるためには、ストレスは厳禁です。健康のために「毎日1万歩きなさい」、「決まった時間に食べなさい」、「食べ物は○○○がよい」など、さまざまな情報が流れていますが、人には個人差があり、それぞれ違います。相性もありますから、それらがすべての人に当てはまるわけではありません。個々のライフスタイルや体型、体質に合わせた運動を取り入れるのがベストです。

最も話題にしてほしいのは、50歳を過ぎてからのダイエットの方法は、年齢によって驚くほど違ってくるということです。70歳・80歳のダイエット・健康長寿については第3巻で更に詳しく触れたいと思います。

私の場合、全身ストレッチを「タイ古式整体」で行い、相当なエネルギーを消費しているので、散歩は不要だと思っています。自宅の健康ルームにある機器で、好きな音楽を聴きながら身体を動かしています。そのほうがリラックスしながら楽しんで運動できます。もちろん葉山の素晴らしい空気は、庭に出ていっぱい深呼吸しています。

自分の年齢（身体）と相談すること。そして現状を把握することが大切です。どんな時にどのような方法を取り入れるのが良いかを探り、何年もかけて今のやり方にたどりついたのです。さらに常に変化させます。


♪寝室は「5重の壁」で雑音と危険なX線や波動をシャットアウト

なによりも大事なのが「睡眠」です。リラックスの手法をどれだけ取り入れたとしても、夜の睡眠に勝るものはありません。「睡眠」というものは、交感神経をしっかり休ませ、副交換神経を活発に働けるようにして、アンチエイジング作業の能率を目いっぱい上げさせる最も重要な時間です。少しでも老化を遅らせようと思うなら、しっかりと寝ることです。そのためには、外界からの全ての雑音が入らないようにしなくてはなりません。どんなに愛し合っている夫婦でも、隣でお互いの寝息が聞こえるだけで睡眠が邪魔されますから、一人で寝ることをお勧めします。

身体は正直です。指揮棒を振る時にわかります。睡眠はウソをつかないのです。少しでも睡眠不足になると、指揮がうまくキマらないのです。

私の寝室は、外界の音だけでなく危険な宇宙からのX線はもとよりあらゆる有害な波動もシャットアウトするために、壁には鉛板を入れ、窓の一番外側は頑丈な電動シャッターを取り付け、その内側にペアガラス2枚組を2列に入れて、カーテンも二重にしました。つまり、5重の壁にして完全な無音状態を保っています。エアコンの送風音も極力しないように、離れた所からダクトで空気を送るようにしました。操作は横たわったままできるように、すべてスイッチ類はベッドのヘッドボードに取り付けました。シャッターの開閉や全ての空調・床暖房のオンオフ、TVや音楽の音量、照明の明るさ調整も、片手を伸ばすだけで操作できるように工夫しました。

睡眠は7時間以上とるようにしています。外界と遮断した静かで落ち着いた部屋なので、すぐに眠りにつけますし、深く熟睡できるので、朝はさわやかにすっきり起きられます。

こう書くと、「そんな設備、金持ちにしかできないじゃないか」と言われそうですが、そのくらい睡眠は命を大切にすることだとお伝えしたいのです。ちなみに、私は何度も引っ越し経験があるので、設計の段階から低経費に抑えることができました。

♪起床↓健康ルーム↓ジャグジー

起床は6時30分です。起きたら洗顔し身支度を整えます。動きやすい格好で、隣の健康ルームに移動し、健康機器を使って身体を動かしています。

ランニングマシーンでは走らずに歩いています。ぶら下がり健康器もあります。バーを両手で握って体重をかけます。この機器のおかげで、83歳の今も身長は1ミリも縮んでいません。

指揮などで首や肩を酷使したあと、また執筆のあとは、牽引機を使って頭や首をほぐして整えます。普段動かさない部所は、どうしても凝り固まってしまうので意識的に動かすよう心がけています。全身を動かすことで血流やリンパ液の流れが良くなり、少し汗ばんできたところで、隣接したバスルームに移動します。ここではシャワーを浴びて汗を流し、ジャグジーバスのバブル浴でマッサージします。体調によってはサウナ室に入りますが、心も身体もすっかり目覚めたところで朝食をとります。

健康機器は、加齢とともに午前から午後

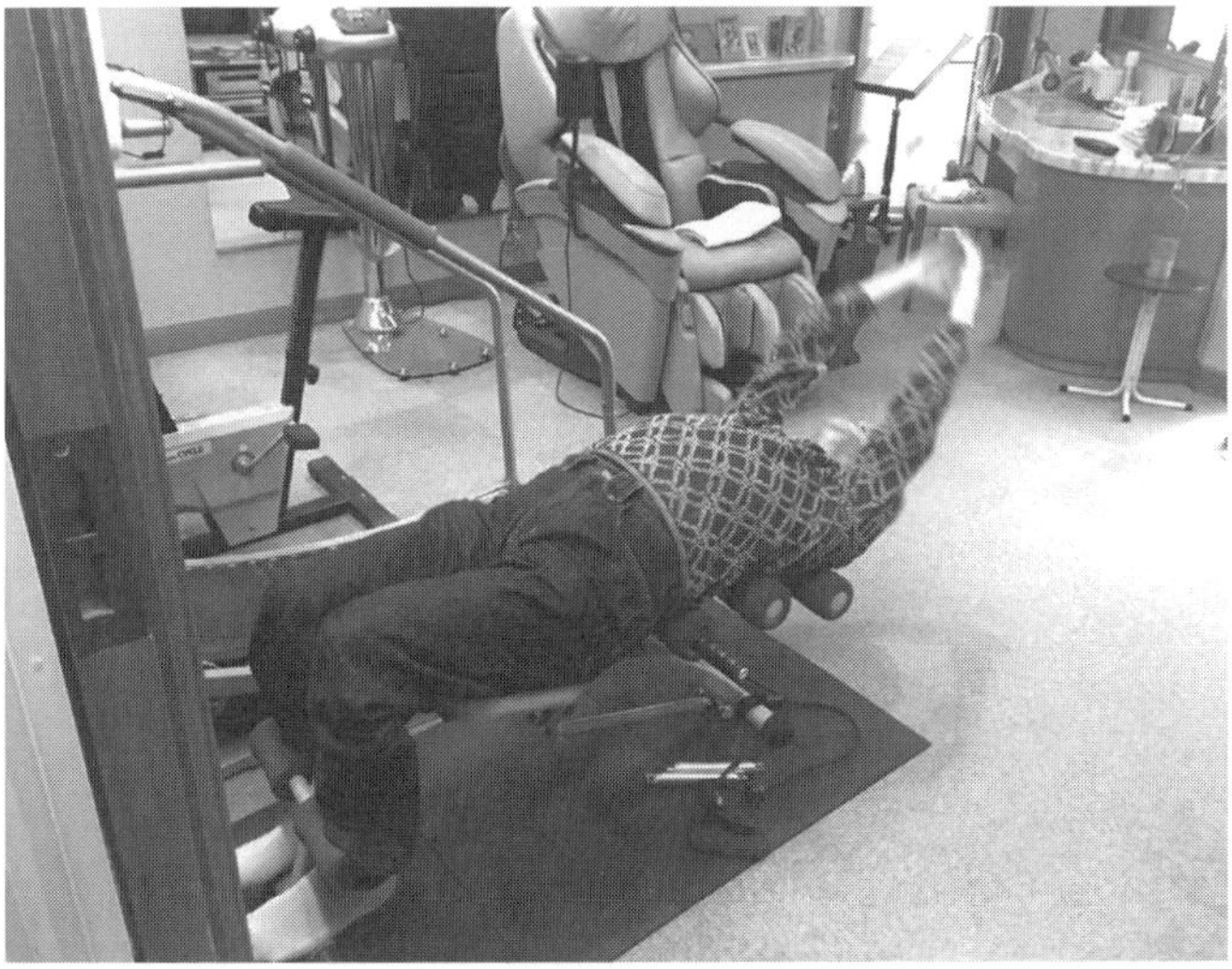

自宅の健康ルーム

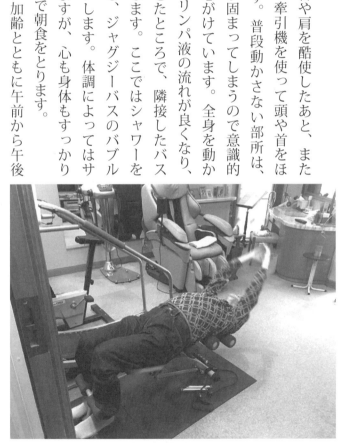

に利用するようになりました。その理由については第3巻で説明します。

4. タイ古式整体・アロマセラピー・ラドンほか

♪「タイ古式整体」で全身を整える

タイ古式整体は、私の好きな効果的な整体のひとつです。もともと国王など身分の高い人の健康・体力増進を願って研究されてきた整体法のひとつですが、ベッドの上に横たわって施術する一般のマッサージとはかなり違います。床に布団を敷き、施術者がその上で、膝、肘、足など自分の身体の各部位を使ってストレッチや加圧をするので、普段使わない筋肉や関節も充分に活性できます。柔軟な体づくりと体力アップに絶大な効果があるのでお勧めです。脳のストレスと肉体の疲れの両方を解消し、もちろんダイエットにも効果的です。マッサージというよりストレッチです。血流はもちろんリンパ液も充分に流してくれます。

正しく施術してもらうためには、自分の疲れがどんなものか、どの程度の疲れ具合なのかを自覚して、それをていねいに施術者に伝えておくと良いでしょう。これも個人差以上に、年齢を意識することが健康長寿へ向かう基本であることは言うまでもありません。

♪「アロマセラピー」で心も身体も癒す

いまアロマは、医療界でも大いに取り上げられるようになったほど効果が認められています。リンパ液をスムーズに流す役割も果たします。また、香りは脳と直結しているので、効果が出やすく、即効性があります。自分にあった相性のよい香りを知ることで、リラックスできます。紀元前から、アロマとハープギターは最も効果をあげてきたのです（第2巻で詳しく述べます）。

私がアロマセラピーで精神的な疲れをとっている香り（精油）は主に「ミント」です。「ラベンダー」の精油も、ちょっと具合が悪い所（特にキズ等）に使うと、即効性があり、また身体もリラックスできて魔法のように効きます。

人は常に変化しています。その時に気持ちがよいと思った香り、つまり脳が求めているものを使うと良いでしょう。身体とそれぞれの生活に合わせ、組み合わせて取り入れるのが効果的です。何事もやりすぎてはよくありません。音楽も「音が無いという最高の素晴らしさ」を体験するには、その前にどんな音楽を聞いたらよいか、というとてつもないテーマがあります。長い時間をかけて、曲名も具体的にお伝えできますので、「ドレミファ」の音階の歴史も併せて、第2巻の「ミュージックセラピー」で解説したいと思います。

♪単発施術ではなく複数の組み合わせが効果的

タイ古式、アロマ、整体、指圧、鍼など、身体の硬直した部分を柔らかくしたり、疲れをとる目的で、さまざまな療法を取り入れています。ただし、より効果的なのが組み合わせです。指圧だけ、整体だけ、鍼だけ、アロマだけ、といった単発施術ではなく、複数の方法を組み合わせるのです。できれば多彩な技術をもつ施術士に診てもらうのが理想的です。

赤坂の整体師は、アロマ・整体の両方の技術を持っていますし、横浜のタイ古式整体では、ストレッチと加圧を同時進行でやってくれます。私の担当者は、私の職業や身体のことをすべて熟知しているので、安心して任せています。

指揮の高度な表現のひとつに身体をエビ反りにする方法がありますが、これは足・ひざ・腿・腰・背中・首がすべて揃って柔軟でないとできません。タイ古式ではすべて行います。このような全身ストレッチを20年以上続けています。

♪「ラドンセラピー」は驚くほど効果あり

日本で遅れていると感じるのは「ラドンセラピー」です。その素晴らしさをもっと伝えたいと思います。「ラドン」とはいわゆる放射線です。アメリカの富裕層の家庭にはほとんど取り入れられて、「ラドンに頼りすぎるな」と警告が出るくらいなのですが、日本ではなぜか、あまり普及していません。「放射線」という言葉に抵抗があり、イメージがよくないのでしょうが、ガン治療でも放射線を使うのですから、ラドンから出る放射線は効果があるのです。

ラドンについての知識が遅れているのはとても残念です。ラドンセラピーの放射線は害はないということです。害どころか、健康に良いのですから、利用しない手はありません。とくにガンの手術後には効果的だと言われていますので、積極的に活用してもらいたいと思います。神奈川県藤沢市にある「新堀ライブ館」にもラドンセラピールームがありますので、ぜひ体験してみてください。

我が家も、サウナルームの隣に「ラドンルーム」を取り入れました。ラドンから出る放射線をサウナのあとに身体にあてています。ラドンの素晴らしい点は、身体の具合の悪いところを自動的に検知して、集中して効果を上げることです。もう10年以上習慣になっています。もし害があれば死んでいるでしょう。

日本のラドン温泉といえば、岡山県の三朝温泉が有名です。日本は一箇所だけですが、周囲8キロではガン患者が出ていないことも注目されています（岡山大学がデータを発表しています）。健康によい放射線を含む岩石を通してのラドン効果があり、患者さんも治療で宿泊に訪れています。「ラドンセラピー」は日本でこれからもっと流行ることでしょう。

嬉しいことに「新堀さんは若い」とよく言われます。血液と共にリンパ液の循環がよいのか、肌もすべすべしていると専門家からもよく言っていただけます。外見が若々しいというのは、気持ちも若々しくいられます。精神的に老けこまないので、積極的に行動できるという好循環を生み出しています。

80歳を過ぎて「肌がスベスベ」で血流もリンパ液流も良いのもラドンなどを活用しているおかげだと信じています。10年以上使用しても害がなく、私も若々しく生きているのですから、その効果は実証されています。ラドンに関する本も多く出ていますので、ぜひ参考にしてほしいと思います。ラドンはこれからもずっと続けていくつもりです。

サプリや薬を服用している方も多いようですが、私はなるべくそれらを使わないようにしています。むしろ、薬を飲まずに済むような方法を取り入れています。次に挙げる方法もそのひとつです。とにかく、脳が心地よいことを続けるのが一番。社交ダンスも楽しく継続できるダイエット法のひとつです。

♪リラクゼーション重視の「エステサロン」

最近私が感じているのは、「エステサロン」はリラクゼーション重視になってきたということです。現在の本格的なエステサロンは、本来の人間のあるべき原点に戻れるような心地よさがあります。

機器類に頼ったり、指圧やストレッチを取り入れるのももちろんいいのですが、ゆったりとしたリラックス空間に身を置き、自然の香りに包まれて天然植物エキスとエッセンシャルオイルを使った贅沢なトリートメントを受けていると、心も身体も共にリラックスできます。

中でも、熱海にあるホテル「ふふ」で体験したフランス生まれの植物美容学（フィトコスメトロジー）と先端技術を融合した「シスレー」のエステは超一流です。日本に二箇所しかないのですが、呼吸法から入る方式で脳のリラックス効果を徹底的に行っています。心地よいＢＧＭはすべてギター音楽なので、さらにリラックスできます。

年を重ねると、血流の流れは大切です。そしてさらにリンパ液の流れが大切で、これが滞ると節々が凝りやすく、身体の動きが鈍くなるのでメンテナンスは必要です。最新のジェルを取り入れたオールハンドの入念な全身トリートメントは、高齢者ほど必要なエステだと感じています。

エステサロンのフェイシャルやボディケアというと、おもに女性の利用が多いですが、男性ももっと利用すべきではないでしょうか（女性の平均寿命はどんどん延びています）。

♪美しくあるために「ネイル」や「エクステ」も利用

ステージに立つ人は、お客様に見られることを意識しなくてはなりません。常に「美」を意識する心がけが大切です。爪も健康のバロメーターですから、「ネイル（爪）」の手入れも欠かせません。おしゃれとしてだけでなく、とくに指先を駆使する音楽家ギタリストにとってとても重要なことです。

最近は女性だけでなく、男性もメイクに気配りするようになりましたが、外見に気を使うことは他の人に対するマナーでもあります。ヘア、メイク、フェイシャル、まつ毛のエクステなど、各分野のエキスパートが大勢揃っているのですから、積極的に活用すると良いと思います。お客様が喜ぶことを提供するのが音楽家の使命です。自分が美しくなることは、自信につながり、心もはずみます。その自信と満足感が笑顔となり、周囲に幸せなオーラを届けることになるのです。

♪古代から親しまれてきた「占い」の活用

諸説ありますが、私は「占い」も生活の中に取り入れて参考にするといいと思っています。私も、自分自身を知るため、また、「健康長寿」であるために、占いを参考にしています。「星占い」「誕生日占い」などは、今なお生活に密着していますし、特に若い女性の間で人気です。日本でも昔から予言者は存在していました。長く続いてきたものには必ず良さがあります。

メソポタミアで発見された人類最古の曲名は「月の女神にささげる曲」です。ウミガメ（長寿）達も満月の時に渚に向います。

満月の日には出産が多く、潮の満ち引きの影響もあるとされています。人間も自然の中で生かされている動物であり生物です。長い期間蓄積されてきた膨大なデータから読み取れるこれらの事柄に真実が隠されていることもあるのではないでしょうか。

♪77歳から始めた「ソーシャルダンス」

私は77歳でソーシャルダンスを習い始めました。いわゆる社交ダンスですが、月に1回30分のレッスンですが、ずっと続けていくうちに、なんと踊れるようになり、83歳の今の方が50代のときより身体が動くようになったのです。これも健康体を維持しているおかげです。美しいポーズをとる全身運動は健康と直結します。

時間はつくれますし、楽しいから続けることができます。せっかくこの世に生まれて来たのですから、好きなことは積極的にチャレンジして、幸せになった方が良いに決まっています。長続きのコツは、年齢に合わせたテンポで楽しむことです。ソーシャルダンスについては、第3巻で詳しく触れたいと思います。

♪ジオラマの趣味もダイエット効果に貢献

私は、鉄道模型のジオラマ作りが趣味なのですが、まだまだ制作途上です。とにかく楽しいのです。体力がなければできないことなので、いつまでも健康な身体でい続けたいと思っています。

じつはこのジオラマの趣味も、ダイエットに一役買っているのです。一役どころか、この趣味は確実に痩せます！

楽しいことをしていると時間を忘れてしまい、長い時間集中できます。「15分くらいたったかな」と思うと、あっという間に1時間は経過しています。食べることも忘れて、ジオラマの世界に没頭することもあり

ジオラマ

ます。食事よりも楽しい趣味を持てば、ダイエットは必ず成功します。といっても栄養不足にならないように、ほどほどにしないといけませんが……。

それこそ模型の電車が急に停まってしまうとすっ飛んで行って直します。床下の配線スペースはジャングルのようになっているので、這ったり、よじったり、行ったり来たり、何往復もします。これがかなりの運動量になるのです。

鉄道やホームや街並みの模型も、部品を取り寄せて一から本物そっくりに仕上げていきます。制作室で作品を作る作業は本当に楽しいですね。自分が好きな世界を持つこと、夢中になれる趣味を持つことは、脳がとても喜ぶ行為です。全身を楽しく使って質のいいダイエット効果を発揮していると思います。

第4章　ダイエットの苦労・効果

1. ダイエットに関する苦労話

♪躍起になっていた新家庭スタート（40代）時代

私はこうと決めたら突き進むタイプなので、ダイエットに関する苦労話や失敗談はいろいろあります。「なんとしても痩せなければ！」とストイックに減量していた頃、めまいを起こして倒れそうになりました。当時、高井戸のマンションに住んでいたのですが、自宅前の大通りの向こうに駐車場があったので陸橋を渡っていたときです。急に目の前が真っ暗になってフラついてしまったのです。

フラフラ状態で近くの薬局に行ったところ、店のおじさんに「単なる栄養不足だろう」と笑われました。食事制限のしすぎでした。すぐにラーメン店に飛び込み、大好きなチャーハンを食べたのですが、その味の美味しかったこと。今でも涙がにじむほどです。

当時は、痩せるためにはなんでもしていました。とにかく痩せることしか考えていなかったのです。たとえば　風邪を引いたり、体調が優れない時は食欲が落ちますよね。そんな食欲のない状態もこれはチャンスとばかりに利用して、食べずに済ませようとしました。病気の時はきちんと栄養を摂らなければならないのに、今思うと無謀でした。病気のときに絶食しているようなものです。

恥ずかしい話ですが、その時、改めて食事の大切さに気づきました。再婚直後でしたから、私も必死になっていたのでしょう。食事を摂らなければ、栄養不足になるのは当たり前です。病気になっては本末転倒です。

♪サウナの入り過ぎは水分過多になるので要注意

「サウナ」に入ると水分が欲しくなります。水分補給は大切ですが、摂りすぎるとリバウンドしてしまうので気をつけてください。加齢になると、水分のとりすぎは太るもとです。とくにビールを多くとると、ダイエットの失敗に繋がります。

私もこれが教訓となり、サウナに関しては試行錯誤しながら回数などを調整するようにしてきました。年齢や体質、体調によってサウナ利用法はそれぞれ異なります。詳しくは、「3．マッサージ（整体）・サウナの活用」にも書きましたが、高齢者の利用法などについては続編でも書きたいと思います。

2．ダイエットの効果

♪瘦せたことで、タクトが軽やかに振れるように……

「健康がいちばん」とはよく言いますが、体重が減ったことで私の体調はぐんとよくなりました。身体が軽くなり、行動しやすくなりました。身軽に動けるというのは、生活そのものも一層楽しめるということです。

太っていた頃の私は、かなりの仕事量をこなしていましたが、若さもあって無理が利いていたのだと思います。本当は身体が悲鳴をあげていたのに、無理して乗り越えていたのかもしれません。

太りすぎがよくないということが今の私にはよ～くわかります。太っている時とスリムになった時では、音楽にも大きな影響が出ます。ダイエットした身体で指揮棒を振った時のほうがキレのある演奏を奏でることができます。神経が鋭敏になって、身振りも軽快になります。胸を広げることによって、さらに酸素が入り、それがエネルギーを豊かにして、指揮棒が軽やかに振れるという好循環を生みます。つまり高質なダイエットは、理想的な指揮と良い演奏をも可能にするのです。

太りすぎは背中にもぜい肉がついているので、指揮棒が思うように上がらないばかりか、背中が丸くなってしまい、どうしても棒は下向きになります。無駄にエネルギーが消費され、酸素が全身にいきわたらず、疲れやすくなります。これでは悪循環で良い結果が得られません。

太っていた当時の私は、そこまで気付きませんでした。音楽とダイエットは密接な関わりがあること。胸が開きづらく酸素を取りづらいと、充分なエネルギーも出にくく、その指揮ではオーケストラの音量も下がるのです。太り過ぎが音量にも影響することをもっと自覚する必要がありました（ＤＶＤが明らかに語っています）。音楽関係者で太り過ぎの人がいたら、ぜひダイエットすることをお勧めしたいです。これは、年を重ね人生80年を越えた今だからこそ、しっかりとお伝えできる私からの強いメッセージです。

♪アンチエイジングではなく「若返りを！」

「アンチエイジング」という言葉は、加齢に歯止めをかける、という意味の英語ですが、私は日本語の「若返り」という言葉の方が好きです。アンチエイジングは、加齢による老化を遅くさせるという印象を与えます。やはり年齢は自然な形で積み重ねていくもので、肉体的、精神的には若返る方が良いと思います。

人間ドックのカルテに私の既往歴30数年分が連続で残っているのですが、いちばん太っていた時は、肥満症で高血圧、高コレステロール、便秘、痔、爪割れ、各所の関節痛で、頸椎も悪く、胃腸も正常でないなどいくつも疾患がありました。ところが今は以前ほど身体の不調は無くなり、疾患もほとんど無くなりました。ということは、年は重ねても若返っているということになります。

もうひとつ驚いた出来事は、先日、生まれて初めて内視鏡カメラを体内に入れ丹念に調べたのですが、大腸に黒いツブ貝のようなカサブタが見つかりました。それは、ガンの痕でした。若い時にガンになって、自然治癒したというのです。「新堀さんは自分の力で治したのですね」と主治医が驚いていました。

以前はガンになるような生活を送っていたということであり、現在はガンを治すような生活を送っているということなので、これも「若返り」と言えると思います。骨密度の数値も今の方が若く、35〜40歳相応になっていたので嬉しくなりました。ダイエット生活を送ったことによって若返ることができたのです。

加齢で老いていくのではなく、むしろ身体を整えて若返っているのです。今はすこぶる健康で、転倒することも風邪を引くこともなくなりました。人間ドックは何十年も欠かさず続けていますが、自己管理のためにもとても大切なことだと思います。

♪リバウンドしないダイエットこそ大切

一日2回は体重計に乗っていますが、30年以上リバウンドはなく、加齢による変化があっても、日夜対処し、新たな工夫を重ねて常に同じ体重を維持し続けています。大切なのは「リバウンドしないダイエット」です。私が体重維持できる大きな理由は、音楽活用に加えて、やはり食生活にあると思っています。もちろん、タイ古式整体やサウナもダイエットに貢献しますが、日々の音楽（４０００ヘルツの波動をあてる事）と食事ほど大切なものはありません。太りすぎの原因のほとんどが食べ過ぎと言えるからです。

ダイエットの基本は「1日2食」のペースを習慣づけること。これに尽きるのではないでしょうか。そうすれば、リバウンドして体重がもとに戻ることはありません。これが私の体験からわかったことです。

私の誕生日には、体重計測を公開して、

2005年71歳　60キロ達成誕生会

体重過多の人に注意を促しています。62キロからどうしても減量できず、仕事の仲間たちが「60キロになったらお祝いしましょう」と言ってくれていたのですが、そのお祝いが２００５年4月17日、私の71歳の誕生日に実現しました。

「新メソード総本部会」の役員たちの前で、体重を量りました。すると、60キロだったのです。洋服を着たままだったので、服の重さ約1キロを差し引くと、59キロです。晴れて50キロ台となったのですからとても嬉しかったです。目標達成をみんなで祝い、「認定証」も頂きました。全員ステージに上がって喜びを共有した記念となる誕生日になりました。（写真）

3．ダイエットのゴール

♪ダイエットのゴールは「美しさ」にあり！

大切な一度きりの人生ですから、「最後まで身も心も美しくあること」を信条としています。私が考えるダイエットのゴールは「美＝ビューティー」です。太っている人より、痩せてスマートな人の方が美しいのは当然ですが、見かけだけでなく中身も大事です。

「動き」「トーク」「おしゃれ」の3つは欠かせません。「動き」とはトークや所作、仕草のことですが、動きが若さを表します。「おしゃれ」というのは言い換えればセンスです。これらすべてがトータルにバランスがとれて素敵に仕上がるのです。

痩せたいと願っている人が目標を達成できたら、自然と心も変わります。とくに女性はダイエットによって、性格まで明るく若々しくなる人が多いです。おしゃれやメークがこれまで以上に楽しめたり、前向きに積極的になれたりするのもダイエット効果によるものだと思います。

♪ダイエットの本当の意味と目的とは

演奏会はスマートでなければなりません。良い演奏さえ聞かせれば良いという古い考えをもつ人がまだ居ますが、演奏会は単に音楽を聞いて頂けることだけが目的ではありません。お客様に幸せをお届けするのがその先の目的です。

長く指導していてつくづく感じるのですが、たとえ見かけが美しくても、仕草が年寄りくさいと台無しです。

とくに笑顔は大事です。人間の作った曲の心・ストーリーに合わせた様々な笑顔から は幸福感が得られます。トータルな美しさが求められているので、私はよく後輩たちに「演奏家は俳優と同じ」「常に鏡を見なさい」と話しています。音楽家は俳優と同じく演技も必要なのです。

鏡に映った顔は、自分が思っているのとは違うときがあります。常に意識して自分を客観的に見つめる習慣が大切ですし、鏡の中の自分を見て、しっかりと演じてほしいのです。そのためには、二重人格ならぬ三重・四重人格も必要です。特に笑顔で演じきらなければなりません。そしてセンスのなさと太り過ぎはタブーです。

男性は恥ずかしがり屋なのか、女性に比べてあまり笑顔を見せませんが、もっと感情を表現しても良いと思います。

なぜダイエットをするのか、ダイエットの本当の意味を理解してほしいと思います。

ただ痩せたいという理由だけで朝食を抜いてくる人がいますが、「それはだめだ」と諭しています。必要な栄養をしっかりとった健康体でなければ、良い演奏・良いスマイルはできません。そのためにも、朝食は最も大切です。朝食をしっかり摂ると間食も不要となり、リバウンドも抑えることが度々あります。

どんなおしゃれをして、どんな歩き方をするのか。うちの音楽学校では技術指導と共に、先生方や生徒たちに服装はもちろん、歩き方、表情（特にスマイル）、仕草、話し方、髪型は絶対に顔（目）を被わない等、すべてを教えています。それが国際ステージで、聴衆総立ちで喝采される新堀メソードの集大成なのです。

第5章　ミュージックセラピーが健康長寿の鍵！

1．ミュージックセラピー・健康長寿の概論

♪音楽は、耳だけでなく全身で聴いている

「音楽を聴く」というのは、耳を通して聴いているようですが、じつは身体全体で、「波動」を感じ取っています。2チャンネルステレオから、現在は全方向からのサラウンドで聴く時代となりましたが、それは身体全体で「音」を聴いていることにほかならないからです（耳は言葉を聞き取りやすく前方を向いていますが、音楽は全身で聴いているのです）。

波動に関してわかりやすい例を挙げると、「水の結晶」があります。素晴らしい音楽を、聞かせた水を凍らせ、顕微鏡でのぞいて見ると、それはそれはきれいに並んだ美しい六角形の結晶を見ることができます。他の美しい音楽を聞かせると、結晶も別の美しい形になります。ところが騒音のような耳障りな音を聞かせた水を凍らせると、誰が見ても汚い形になるという驚くべき証拠があがっているのです。

人間の身体の70％は水でできているので、音楽が人体に与える影響がいかに大きい

かがおわかりいただけるかと思います。羊水の中で成長する胎児も、お腹の中で波動の影響を受けています。妊娠中に聞かせる音楽は、子どもの成長に大きな影響を与えます。誕生後も、母親の心臓の音を聞かせると赤ちゃんが泣き止むのは理にかなっているのです。

♪「モーツァルト」が花や魚の成長に大きく影響

音楽を用いることで心身の治療を行う音楽療法「ミュージックセラピー」の効果が、広く知れ渡ってきました。音楽は、人の心を癒します。とりわけモーツァルトの音楽は、人間の脳と身体によい影響をもたらすことが実証されています。人間や動物ばかりでなく、花や魚の飼育や成長にも影響を与えています。

ハマチの養殖の現場では、水の中に入れた鉄の棒から音楽の波動を伝え、豊かな味わいのあるハマチが育っています。魚だけでなく、牛舎や養豚場、野菜農園、蔵元、ワイン製造の現場でも、ミュージックセラピーを行っています。とくにモーツァルトの作品を代表とする心地よいＢＧＭを流すことで、豊かな味わいや発育を促しています。

花屋さんの日比谷花壇では、草花に直接音楽を聞かせることで、発色や花の大きさに影響を与えています。音楽を聞かせた花と聞かせていない花では明らかに違うことがわかっています。いわんや人間に対する影響は計り知れません。中でも最古からのギターを用いた4000ヘルツの波動は、いま大変注目され始めています。こちらについても、第2巻で詳しく解説いたします。

♪「健全な脳の働き」が「健康な肉体をつくる」

「健康な身体に健全な精神が宿る」という言葉は、皆さんも昔からお聞きになったことがあるでしょう。つまり、肉体が先で、その後に心が宿るとされていたのですが、最近は、「健全な脳が肉体を支える」「脳が肉体をコントロールする」という説が強くなってきました。現在83歳の音楽・健康長寿実践者の私も、健全な脳の働きに、健康な肉体が宿るという考え方です。きっぱりと「脳が先」だと言い切っています。

人間の健康とはなんでしょう。世の中には、五体満足の健全な肉体を持っていても、幸せや満足感が得られない人もたくさんいます。一方、身体に障害があっても、病気や疾患をもっている人でも、幸せ感や充足感に満ちている人がたくさんいます。

幸せの鍵は「脳」にあります。「脳の健康」＝「心の健康」なのです。心が休まると身体が休まり、満足の状態をもたらします。生きていくうえで、心と魂の健康が何より大切なことであり、心が不健康だと、幸福感を得ることはできません。

♪人間が幸せだと感じる特殊ホルモンのこと

「幸せ感」とは、脳が喜ぶことです。そして、「脳が喜び、心が満足している状態」とは、科学的には、脳が活性化している状態のことです。脳内で発生するアルファ波とベータ・エンドルフィンという特殊なホルモン（神経伝達物質）が発生することによって、人は幸せを感じます。リラックス状態にいるときにアルファ波が出て、このアルファ波が活発なときに生み出されるのが、ベータ・エンドルフィンです。このホルモンは、痛みをやわらげたり、陶酔感を引き起こす作用もあり、女性の出産時にもこのホルモンが盛んに分泌されています。

素晴らしい演奏、好きな音楽を聴くと、気持ちが良くなります。もちろん、自ら奏でればよりいっそう心地良く感じます。この心地良さこそ「脳が喜んでいる状態」です。そんなとき、皆さんの表情はとてもイキイキと輝いています。このことは、音楽の現場にいる私達が一番わかっています。

こうしたメカニズムを知ると、「心が喜ぶ」「脳が喜ぶ」ためには、音楽に関わることや音楽療法である「ミュージックセラピー」を取り入れることがとても大切であることが理解できることと思います。音楽は、「幸せホルモン」を放出するために大切な役割を果たしているのです。

♪「右脳」と「左脳」の役割

脳には、「右脳」と「左脳」があり、それぞれに役割があります。言語脳と言われる左脳は、計算や論理思考・会話の時に活発に働きます。そして、歌ったり、演奏したり音楽を聴いているときに活発に動くのが右脳です。右脳が「音楽脳」と言われる所以です。

左脳だけに偏って動かしていると、バランスが崩れてしまいます。つまり、勉強ばかり、仕事ばかりしていると、感情や理性のコントロールが効かなくなり、強いストレスを感じます。安心感を得たり、ほっとリラックスした気分を味わうためには、右脳も活発に働かなければなりません。何事もバランスが大切ですが、心身の健康を保つためにも、積極的に音楽を聴いたり、楽器を演奏したりして、「右脳」を働かせ、過度に負荷のかかっていた左脳の疲れをほぐしてください。右脳と左脳のバランスをよくとる習慣を身につける事は、「幸福感」に満たされるゴール到達に非常に大切です。

♪「モーツァルト効果」の秘密は、周波数にあった

この章の最初にも書きましたが、特にモーツァルトの曲は、人間だけでなく、花や動物、魚にも良い影響を与え、良い発色や味、豊かな成長を促す効果があることがわかってきたと述べましたが、これらの力は総じて「モーツァルト効果」と呼ばれ、今、世界中から注目されています。

では、どうして、モーツァルトの曲が、人や動物などによい影響を与えるのでしょ

うか。

以下、『音楽生活のすすめ』（新堀寛己著 幻冬舎刊）より抜粋。

アメリカの心理学者、フランシス・ラウシャー博士をはじめとする、大勢の科学者たちが、「モーツァルト効果」のメカニズムについて探求し続け、数々の研究の積み重ねの中で、モーツァルトの曲のほとんどが、「４０００Hz以上」であることが、そのなぞを解く大きなカギを握っていることが明らかになったのです。

「Ｈｅｒｔｚ（ヘルツ）」とは周波数、振動数の単位です。音楽すなわち音の物理学的な正体は空気の震え＝振動です。振動を機械で測ってみると、エネルギーの振幅が波のような形で示されます。この波の形（波形）が１秒間に何回発生するかを表す単位がヘルツです。

人間が聞きとることができる周波数は、20から２万Hz程度と言われています。ちなみに、グランドピアノの最も低い音、左端の鍵盤が27・５Hzで、最も高い右端の鍵盤は４１８６Hzになります。人間の体はこのような音の振動を全身で感じています（脊椎で主に感じます）。面白いことに低周波数の音は体の下の部位が、高周波数の音は体の上の部分が感じる仕組みとなっているのです。モーツァルトの曲はほとんどが4000Hz以上であるために、モーツァルトの曲を聴くと、脳内ホルモンの分泌が促され、幸福感に包まれるというわけです。（ここまで抜粋）

つまり、音楽は身体全体に刺激を与え、良い影響を与えるのです。とりわけ、幸せホルモンが活発に促される4000Hz以上の音楽＝波動は、アンチエイジングや若返りに最大の効果をもたらします。

人生が長くなったいま、生きがいを得ることはとても大切です。音楽を聞く事、演奏することを生活のなかに積極的に取り入れることで脳にプラスの効果を生み、心身のバランスや健康づくりはもちろん、安定した体重維持と健康長寿につながると確信しています。

演奏をしなくても、音楽をいつでも楽しめ、ミュージックセラピーの施設が完備している場所が、神奈川県藤沢市の「新堀ライブ館」にあります。また、愛好クラブ「楽友会」は、気軽に音楽に触れ合えるサロンとなっています。音楽に関するさまざまなイベントも連日催されています。音楽を身近なものにするためにもこうした設備をぜひ活用してください。

♪音楽家・新堀寛己からお伝えしたいこと

「加齢」や「老化」について、さまざまな研究が進み、そのメカニズムも対策も医学的にも科学的にも証明されてきましたが、健康長寿のユートピアづくりのひとつでもある「ミュージックセラピー」が、精神はもちろん、身体に与える影響について更に掘り下げていくつもりです。

医者や科学者は、音楽家ほど、音楽について詳しくないかもしれませんし、クリニックの現場では、特にミュージックセラピーについては、人も設備も詳細な研究もこれからだと思います。私達音楽家だからこそ、どんな曲がどうよいのかがわかります。人間の身体にどんな影響を与えるのかを具体的に紹介することができます。前述した、疾患が減ってガンが自然治癒できたのにも理由があるはずです。なぜ、ここまで若々しく改善できたかについては、さらに第2巻で詳しくお伝えしたいと思います。

おわりに

最後までお読みいただき、ありがとうございます。時代は長寿です。人生がとても長くなりました。時間はたっぷりあります。時間やお金があっても幸せとは限りません。「どうせ無理」「できない」と諦めるのではなく、人間の脳・精神に与えるよい影響について、もっと認識することが、幸せ感や健康にもつながります。

「新堀ギターオーケストラ」は既に60年の歴史があるのですが、今はとても美男美女が多いのです。健康度も上がり、イキイキとはつらつと生活している人が大勢います。そのことはお金に代えられない素晴らしい財産だと思うのです。

定年後にギターをはじめたある男性が、「こんなに楽しいことが世の中にあるのですね！」とつくづく話していましたが、そのような生きがいを感じつつ、さらに健康ダイエットで長寿を手に入れるということを、ぜひ皆さんに知っていただきたいと思います。

最終的に、私は「社会貢献」を目指しています。これからの日本は、考えられない勢いで医療費負担がのしかかってくるでしょう。その天井知らずの財源をいったいどうするのか。

超高齢社会になった日本は、本気で考えなければならないことが山積しています。今後、施設の増設や医療費がますますかさみ、国の税金も今まで以上に消費することになります。若手や専門家の減少で、介護の現場でも人手不足になるでしょう。

病気にまで進まない、病気にならない、寝たきりにならないことが何より大事なことは周知のとおりです。一人ひとりが健康を意識し、寝たきりにならずに元気に長生きしたいと望んでいます。テレビや雑誌を見ても、病気にならない秘訣や健康特集が多く組まれています。

これまで述べてきたように、音楽が身体に与える影響はとても大きく、「ミュージックセラピー」こそ、健康長寿の鍵となります。音楽は文字通り、音を楽しむ生活を送ることで、健康な暮らしが可能になります。今のままでは、病院に通う人が増える一方ですが、もし、病人が減ったら、医療費は大きく削減できます。寝たきりにならず、幸せ感を持って、充実した人生をイキイキと生きる高齢者が増えるのが私の願いです。

その結果、日本がいちばん医療費のかからない国になったら嬉しいのです（私は現在、人間ドッグ代とインフルエンザの予防接種代のみしか必要ない健康体となりました）。

この本が、そのためのきっかけ作りとなり、たった一度の人生を、イキイキと楽しく生きるためのお手伝いができたらこんなに嬉しいことはありません。ぜひ一緒に健康長寿を目指していきましょう！

本書では、私のダイエットの実話を中心に、健康生活の概論について述べてきましたが、第2巻では、ミュージックセラピーについて更に詳しく触れたいと思います。音楽がもたらす効果について、より詳しく、より具体的に、たとえば、気分の高揚に合わせ、疲れたときや癒やされたい時、元気や勇気が欲しい時など、どんな時にどんな曲をどのように楽しめば効果があるのか等をさらに踏み込み、また、人生のゴールは共鳴し合う愛いっぱいの無病ユートピアへどう歩むかなど、わかりやすく紹介していきます。

第3巻では、一層高齢者を対象にした健康長寿ダイエットについて書く予定です。

長寿となった日本はますます高齢者が増えていきます。私はいま84歳になろうとしています。80歳と84歳ではダイエット法もかなり違いますし、もちろん30代と40代では大幅に違っていきました。各年代ごとの現役体験談をぜひ若い方たちにも聞いていただきたいと思います。寝たきりにならないための具体的な健康長寿の秘訣について、こちらも具体的なデータを交えてご紹介しますので、どうぞご期待いただければと思います。

最後に、この本の制作にあたり、㈱湘南社の田中康俊さんと渡辺里佳さんには格別なご尽力をいただきました。厚くお礼を申し上げます。ありがとうございました。

２０１８年３月　筆者記す

●著者プロフィール

新堀寛己（にいぼり ひろき）

芸術学、哲学博士。学校法人新堀学園 専門学校 国際新堀芸術学院理事長。
株式会社 新堀ギターアカデミー（新堀ギター音楽院）代表取締役会長。

東京麻布生まれ。幼少の頃からギター合奏に興味を示し、こだわり続け、小学校時代から合奏団のリーダーとなる。高校２年で、仲間たちと戦後初のオペレッタを上演、成功をおさめる。青山学院大学卒業の1957年、新堀ギター音楽院を創立。1961年から25年間国立音楽大学で教鞭をとり、ギター普及に努める。

独自に開発した27種のオリジナル楽器で編成されたギターオーケストラが、「新堀メソード」として世界に広がり、ギターオーケストラ（音楽）による平和活動が認められ世界各国から受賞。2006年には、ダライ・ラマ、米国大統領から、2007年にはローマ法王から表彰を受け、国連からも数度表彰されている。

その他、WHF駐日大使、国際赤十字芸術伝導大使。

現在学長、また指揮者として精力的に活動中である。

『健康長寿の秘訣』

発　行	2018年4月17日　第1版発行
著　者	新堀寛己
発行者	田中康俊
発行所	株式会社　湘南社　http://shonansya.com 神奈川県藤沢市片瀬海岸3－24－10－108 TEL 0466－26－0068
発売所	株式会社　星雲社 東京都文京区水道1－3－20 TEL 03－3868－3275
印刷所	モリモト印刷株式会社

ISBN978-4-434-24530-5　C0073